JN439885

청어詩人選 286

하얀 이야기

전민정 시집

청어

시인의 말

반쯤 비어있는 것들로 채워진 저녁
나름 틀을 정해놓고 어루만져 놓은 하루가
가끔은 까닭 없이 서럽다.
더 이상 내려갈 곳 없어 바닥 치고 올라오는 공처럼
길 끝에서 길을 만들다 만 건조한 기운.
0시는 시간의 국경을 넘고
거친 숨들을 동그랗게 버무려
무채색 그림을 그린다.
비틀거리며 거꾸로 붓을 들고 쓰려니
참 고되고 쇠약하다.

내게 말 걸어오는 모든 진실에 소박함을 담아
조심스레 실타래를 푼다.

소운 전민정

차례

1부

마음이 가는 데로 살아도 될 나이
나는 아직도 반항을 끝내지 않은 채
생각의 파편들에 꼬리를 무는 발칙한 상상을 한다

Bar Code

Sitting with boredom to rest my chin on hands,
I went out for shopping at evening,
There was no price lists to goods.

Until they entered the black vinyl
To be mine,
How many times did they write personal histories?

Having the chosen fishes in my hands,
I add up figures in the Happy Point.
How many times did I write my personal histories?
And how did I put on weight?
The bar code gets stamped on the sidewalk toward the house.

바코드

저녁 무렵이다
장을 보러 나갔다
나란히 누운 고등어
그들에겐 가격표가 없었다

검은 비닐봉지 안으로 들어와
내 것이 되기까지
수없이 뒤적거림 당하며
몇 번의 이력서를 썼을까

해동으로 풀린 빨간 눈의
생선을 들고
해피 포인트에 덧셈을 한다
지금 이 순간 선택되기까지
수없이 이력서를 쓴 나도
어딘가에서 바코드로 찍힐까
얼마의 해피 포인트로 기록될까

집으로 가는 보도블록 위로
나의 바코드가 찍힌다
2 0 6 9 5 1 9

An Ashcan

I hold the things in my arms
That frown all person's faces
Without a murmur
Refusing a safe position
With a corner's post,
The ashcan does as it is told,
It takes in as it is given.

I embrace the things being filled with,
That have to be thrown away at once,
Even the conscience in it,
Thrown away secretly,
And receive with all garbages of the world.

Even the ugly voice
That doesn't dump last night
With not skipping over,
Snapping it as to burst open,
I hold out to the end at a corner.

쓰레기통

나는 껴안는다
모든 이들이 찌푸리는 걸,
불평 한마디 없이
편안한 자리 마다하고
구석에 자리한 채
시키면 시키는 대로
주면 주는 대로 받아먹으며,
누추한 삶의 처마 아래
거북하게 속 가득 찬
당장 버려야 할 것들
온몸으로 껴안고
더러움 속에 슬그머니
버린 알량한 양심까지도,
세상에 떠돌던
한때 아끼던
낱말들을 소중히 보듬는다
간밤에 버리지 못한
쉬어빠진 추한 목소리까지
거르지 않은 채 터질 듯 물고
굳게 다문 입술로
모퉁이에 버티고 서있다

누구나 한때는 다 버려지는
아픔을 견디며

Temptation

A river that flows crossing both sides,
Even pawing the air to get out of the water,
I must cross over it.
Being afraid of getting wet.
As not waiting only to dry up,
Even being confined in the swamp of the fatal deferment,
I must cross over it

Dry the wet clothes up beyond the river side,
If the river is deep,
Or its water is cold,
Or its water is imbrued(dirty),
Don't worry about that,
Since temptation approaches to us so.

I want to cross over that deep river
Without giving my eyes to others,
The I want to repent of it.

유혹

가로질러 흐르는 강
허우적거리더라도
젖을까 두려워
마르기만 기다릴 수 없듯
지체의 늪에 저당 잡혀도
나는 건너가야 한다

젖은 옷은 건너편에서 말리자
물이 깊으면
혹시 물이 차면
아니 물이 더러우면
염려하지 말기로 하자

유혹은 그렇게 오는 것이니까

나는 눈길을 주지 않고
저 깊은 강을 건넌다
그리고 후회하려고

A secret

Sins are veiled in mystery.
Every instant keeping a vigilant eye on,
the lies shake
And the following shadow stirs up the doubts.

The dice thrown on the junction,
All things I have served up to now,
Approach to absolute pains at last
At the instant linking revenge and resentment.

I have no spirit fallen into the wordly drama,
Being anxious on the following events to develop.
What is the secret inside me?
"Forgive our sins and only from all vices⋯."
At 3 o'clock a.m. to pray with two hands clasped.

비밀

죄는 벌을 피해 비밀스럽다
호시탐탐 노리는 순간
흔들리는 거짓말들
미행하는 그림자가 의문을 부추긴다

갈림길에서 던져지는 주사위
지금까지 섬겨오던 모든 것들이
울분과 복수로 사다리를 놓는 순간
마침내 오는 절대 고통

드라마 속에 빠져 정신줄을 놓았다
다음에 전개될 사건들이 궁금해진다
내 안에 비밀은 무얼까
"우리 죄를 용서해 주옵시고 다만 악에서…"

두 손이 모아지는 새벽 3시

I Get into Debt to Body

Manual labor hanging on one thing for a few hours
Makes my eyes dim and my shoulders heavy,
And joints of mine go more wrong than last year,
At sundown, the evening sound is heard.

Warm air of the dim light I look at over the river,
Makes the little birds open with their mouths,
When an evening, walking on its bare feet takes a rest,
The trees hurry to close all their doors.

I append yesterday and today to link,
A thin night has gazed at me several times,
Gather gaunt things to pull this night,
And straighten all unsafe things out.

The backbones vertically
Are close to flesh moving freely,
As the spines enduring barely under my feet,
This useless fellow mortgages my body.

몸 빚

몇 시간 한 자리에 매달린 노동
초점 흐려지고 어깨 무겁다
지난해보다 멀어져 있는 마디와 마디
저녁 종소리가 타고 든다

강 건너 흐릿한 불빛이 출렁인다

어린 새들 둥지에서 입을 벌리고
맨발로 걸어온 저녁이 허리를 펴는 동안
나무들도 서둘러 문을 닫는다

어제와 오늘이 이어져 붙는
수척한 밤이, 또다시 나를 들여다본다
초라한 것들은 등을 구부리고
불안정한 시간들이 펴지는 야(夜)

수직으로 바닥에 닿아
발밑까지 단단히 딛고 선 등뼈 홀로
돈도 내지 않고 몸에게 저당을 잡힌다

An Ardor of Youth

I have assumed a hostile attitude thoroughly.
The reason is very sad,
There is no one to be recognized by the people outside.

I, not having as same eye as others for all things,
To fell (confirm) as an alive being
I put stress on my voice

When I am eager to eat samgeopsal*
I chose gimchijigae** instead of it,
Untying a waistband.

Not to cry,
Not seeming to stop crying,
I laughed loudly.

At a junction of 60 years old,
With not ending my hostility yest,
I imagine insolent things connecting one after another pieces of thought.

* samgeopsal: It means a name of three ply flesh of a porker.
** gimchijigae: It means a kind of a meal made of gimchi stew.

청춘

철저하게 반항했다
이유는 참 웃프다
제각기 단축된 언어들

같은 눈높이가 될 수 없었던 나는
미세해진 감각을 끌어올리며
목소리에 힘을 주었다

삼겹살이 먹고 싶은 날
파스타를 택했고
내 방식대로 허리끈도 풀었다

외롭지 않기 위해
울음을 멈추지 못할 것 같아서
아이스 아메리카노 커피를 홀짝홀짝 마셨다

마음이 가는 데로 살아도 될 나이
나는 아직도 반항을 끝내지 않은 채
생각의 파편들에 꼬리를 무는 발칙한 상상을 한다

Healing Field(Warm Evening)

The city is a firelight of brilliant desire,
But eyes and ears intercept mutual dialogues,
Its amphitheater is a desolate desert.

The people walking out of darkness,
Love is confined in the glass wall of the building,
The sadness that even belief is all mortgaged,
So I have dragged with only empty body.

Drinking cold water
At the deep place where water flowed down,
Standing on bare feet,
I arrange a cold breath.

But for the human coming back with his exhausted body now,
I must brighten a dining table,
For the warm evening
Being enough as one light to join together.

따뜻한 저녁

도시는 휘황한 욕망의 불빛
눈과 귀 서로를 차단해
둘러앉은 자리가 아득한 사막이다

어둠을 걸어오는 사랑은
빌딩 유리벽 속에 감금 당하고
믿음을 송두리째 저당 잡힌
빈 몸만 끌고 다니는 유령

냉수를 들이킨다
물 내려간 저 깊은 곳에서
맨발인 채로 서서
서늘한 호흡을 정리한다

오늘도 지친 몸으로 돌아오는 가족을 위해
저녁상에 주황색 불을 밝혀야 한다
불빛이 있는 저녁의 집들에게

A Garret

There is a place where the borders exist,
And a space of morning and evening
In which is a spot one end
Connecting as one beginning.

Without being caught,
With my real figure concealed myself,
I pile up pieces of past of mine.
There comes honey jars(love) from my grand father,
and hides secrets into mother's drawers,
At the place where I have slept on a scolding day,
The memories, big or small, get on a swing.

In the passage of memory like a legend of their own
The fetid mould spores burst.
Grand mother, looking out of her living room over the wooden floor,
Takes off her masks, mixing lots of precations.

은밀한 곳

경계들이 존재하는 곳
아침과 저녁 공간 속
하나의 끝이 다른 하나의
시작으로 이어지는 지점

들키고 싶지 않은
진짜 내 모습을 깊숙이 감춘 채
과거의 조각들을 켜켜이 쌓는다

아버지 꿀단지가 있던 다락방
어머니의 속 고쟁이 품을 꺾고
야단맞는 날 잠들던 그곳에서
크고 작은 기억들이 그네를 탄다

저마다의 전설로 기억의 통로에서
퀴퀴한 곰팡이 포자가 터진다
마루 건너 안방에서 할머니도 삐끔
수많은 경계는 섞이며 가면을 벗는다

Adoption

The smarter pain than we stumble over a stone,
And the painful love is better than the sad life?

When the fatal meeting is an irony of life,
It is a meeting conceiving grievous words,
God doesn't ask
Why you are born or you are thrown away.

To the question that He cannot but holding His tongue,
We hear an answer of obedience.

He stretches His hands opening the close door,
"Child! catch my hands."

Bosom gives birth to bosom through bosom.

입양

돌에 걸려 넘어진 아픈 고통
슬픈 생명보다 아픈 사랑이 나오려나

운명적 만남이 운명의 장난일 때
서러운 단어를 잉태한 만남

하나님은 묻지 않는다
왜 태어났냐고 버려야 했느냐고

이미 침묵할 수밖에 없는 질문에
순종의 대답을 얻는다

닫혀있는 문을 열고 손을 내민다
아가야 이 손을 잡으렴

가슴으로 가슴을 출산한다

The Day giving an Air to Clothes

The polyester brown dress,
It has been 30 years since I lie down on bed like a mummy,
At a veranda peeped in by the sunlight,
I undress a fastened bandage.
Pieces of durable memory
Are sad and earnest fragments.

I have not any hesitation,
Reducing 10kg weight from my body,
I return as a 20 year old woman,
Dressing myself the thing weighted down
Shivering like alter ego,
Enjoying freedom of release as forgiveness.

거풍하던 날

폴리에스테르 보라색 원피스
미라처럼 누워 있은 지 오래
햇살 숨어 들어온 베란다에서
꽁꽁 메어둔 붕대를 푼다
질긴 기억의 조각들
슬퍼지며 정직해지는 파편

어떤 망설임도 없다
10㎏ 몸을 줄이고
마음만 스무 살로 돌아간 여자
짓눌려 후들거리는 그것을
분신인 양 껴입고
해방의 자유를 누려본다

2부

미처 부치지 못한 편지 가슴 속 꼭꼭 넣어두며
사랑은 늘 열망의 반대편에 우두커니 서 있는
한 그루 나무 같은 것이니까

세족식

하나의 끝이
다른 하나의 시작으로 이어지는 지금
나는 손과 발을 내민다

들키고 싶지 않은 하루는 맑았고
눈먼 내 모습은 깊숙이 감추고 숨어
과거 조각 블록을 쌓는다

그리운 것들은 언제나 눈에 밟히는 것이구나
강 건너 불빛의 온기로 지탱되는
맨발로 걸어온 저녁이 허리를 접는 시간

수척한 발이 나를 들여다본다

등뼈로 인해 나의 하루가 완성되고
발끝은 묵묵히 제 본분을 다한 하루가
엄숙히 손과 발을 닦는다

꽃도둑

오른쪽으로만 감아 돌며 맺힌
콩꼬투리 속 4개의 씨앗
잎 겨드랑 사이에서 형제들은
모두 굵직하게 잘 자라주었다

철없던 시절 동네 꽃이란 꽃은
이름도 모르고 죄다 꺾던 날부터
나는 꽃도둑이 되었다

화병에 물이 마를 때
밤 깊도록 꽃 찾아 맴돌다 돌아온 밤
꽃향기까지 따라와 멀미를 하던 순정

곱기만 한 꽃들의 사연들은 나 몰라라,
야생화가 최고여, 어머닌
은근히 꽃을 꺾어오도록 부추겼다

보잘 것 없는 덩굴나무 가지를 휘어잡고
보랏빛 한 세기를 사신 어머니,
살아계실 동안 꽃도둑은 면할 수 없으리

나는 누구인가요?

나는 잘 있습니다
빌딩 숲 사이로
한강도 잘 흐르고 있습니다

어머니의 빛바랜 사진 속에
사 남매와 함께 웃는 모습 뒤로
장충동 남산도 잘 있습니다

그러나 홀로 남겨진 지금
아니 떠나보낸 지금
나는 오늘 누구인가요

생애의 어디쯤에선가
미처 알 수 없었던 고요
당신이 내 안에 가득 채워준 사랑으로
이렇게 참아내며 살고 있습니다

손편지

책갈피에 끼워둔 낙엽 하나
책상 아래로 떨어진다
답장도 못해드렸던
오래된 어머니의 편지와 함께

눌러쓴 글씨로 한자 한자 적으시며
잔병치레 자식 걱정하시던 어머니
종이 사이로 번진 잉크자국
어머니의 슬픔만한 거름이 또 있을까

'많이 보고 싶다
 밥은 먹었니?
 나는 아무 일 없다'
지금은 무선을 타고 들리는 음성

오늘은 상수 어머니 생신
오래전 못해드렸던 답장을 겸해
어머니 계신 곳으로 편지 한 장 띄운다

그해 가을처럼 단풍이 유난히 곱다

청계천 다리에서

건어물을 사려고 중부시장으로 향한다
공구상회를 지나고 아크릴 가게도 지나고
인쇄소 골목에 접어드니
60년은 족히 넘었을 간판이 시선을 당긴다

도로 하나 사이로
먹고사는 문제가 시끄러이 들리고
개천에서 용이 나왔다는 전설도
어릴 적 다리 밑에서 주어왔다는 이야기도
내 살아온 길 따라 변함없이 흐르는데
쪼그려 앉아 훌쩍대던 그 옛날의 돌다리를

지금은 중년의 여인이 되어 건넌다

번쩍 고개 들어 바라본 세상
빌딩은 높고 자동차들은 분주하다
내가 태어난 집은 이미 그곳에 없다

잠시 머뭇거리는 사이
봄 햇살은 언제부터 따라왔는지
내 마음 뒤에서 젖은 등을 말리고 있다

어떤 그림자

홀로 어둠에 서 있다
참담히 무너지는 패기
절망도 참고 견디면 나아지려나
마주한 얼굴엔 수심이 가득하다

상념은 마주한 술잔에 어리고
끝내 풀지 못한 숙제를 남긴 채
떠나는 애처로운 발길

생각은 온통 깜깜하고
시간을 움켜쥔 부도수표
세상 어디에도 설 자리가 없다
그래 흩어져라 바람처럼 구름처럼

포장마차 등지고 돌아서는 목덜미 뒤로
지난밤 다하지 못한 집착의 그림자만이
애잔히 뒤를 따른다

그럼에도 불구하고

아침부터 충돌이다
하자거니 말자거니
가자거니 있자거니
지친다, 화가 난다

다리 꼬고 돌아앉은 지
서너 차례
벌떡 일어나다 넘어져 무릎을 꿇었다

주장할까 양보할까
팽팽한 기 싸움
돌아보면 아무것도 아닌 것을

그럼에도 불구하고
입술에 압류딱지 붙이고
저녁은 무얼 해줄까 고민 중이다

돌탑

친구가 그리운 날에는
남한산성에 오릅니다
높게 쌓은 돌탑 위에
내 마음도 하나 얹어둡니다

계곡의 젖은 흙내음 맡으며
우리가 함께 걸었던 길은
오늘도 그대로입니다

길가에 흘러내린 돌 하나
무너지는 내 마음인 양 눈에 밟혀
슬며시 집어 올려놓습니다

무얼 하며 사는지 안부 전하듯

슬프게 내려앉은 산 그림자 기척에
너무 오래 무심했던 속내 들켜버려
쭈뼛쭈뼛 산을 내려옵니다

움직여라

마음은 이미 길을 묻고 있다
온갖 푸름에 젖고 취하며
그냥 떠나자

길을 걷다 보면 없어지는 길
아득한 마음 한끝에서
누군가에게 말을 건네고 싶다

비틀거리는 이유는 모른다
다시 돌아갈 수 있을까
세상은 흔들리고 불러도 대답 없는 메아리

그들은 제각기 살고 있다
한껏 미세한 나를 들여다보며
천천히 무너지는 규칙들

미처 부치지 못한 편지
가슴 속 주머니에 꼭꼭 넣어두며
사랑은 늘 열망의 반대편에 우두커니 서 있는
한 그루 나무 같은 것이니까

가야 하는 곳이 어딘들

서울 지하철 3호선
도곡역과 학여울 사이
'길 위의 골짜기'라는 도곡역을 지나
나는 대치역 7번 출구로 나가야 한다

비좁은 사이에 끼어 앉아 책을 펴고
흩어졌다 모아지는 활자들을 놓쳐버린 순간
내려본 적 없는 낯선 벌판에 덩그마니
그곳이 '갈대밭'이라 이름 붙여진 학여울역이란다

모두들 어디로 가는 걸까

발걸음은 맹인의 지팡이 소리에 맞추고
입을 가린 두 눈동자는 허공에 맞춘다
들리지 않고 보이지 않는 외침은
열리는 문 틈새에서 파열음이 된다

오렌지색 3호선 마지막 칸
한 발자국 더함도 덜함도 없이 돌아가는
저 침묵의 밝은 눈을 생각하며
가야 할 곳이 어딘들 크게 다르랴

이미 내게서 멀어진 책을 덮는다
남겨진 사람들 몇 명은 잠들어있다
무심코 지나쳐온 역들을 하나하나 찍어가며
종착역을 기다리고 있다

자유롭게 구부린 일상

헐렁한 옷에 온몸을 집어넣고
덥수룩한 그대로 등을 기댄다
절대의 자유를 찾아
FM 93.1 주파수에 신경줄을 맞춘다

방 안의 온도는 물론 쾌적하다
지금 나에겐 '룰'도 없다
게으름을 즐길
온몸의 세포가 졸기 시작하는 미묘한 심연
슬프도록 황홀함에 젖어
귀 잘린 빈센트 반 고흐가 된다
아무것도 듣지 않기로 한다

종횡으로 엇갈리는 생각의 파편들
그 것들이 채워놓은 하얀 공백 속에
새우등으로 몸이 굽는다
깊숙이 자리 잡힌 소파
나태의 쾌락

내가 너무 구부린 건 아닌지

그림자가 그린 액자

시간을 따라가다 시간에 사라지는
덧없는 그림자,
그림자가 그린 액자인가
그림자는 늘 입이 마른지
시간의 입술에 대고 빨아댄다
지나간 발자국이 집으로
돌아오는 길 모퉁이에 서서
네모난 틀에 끼워 맞춘다
빛이 그린 그림들
제각기 말을 걸어오면
나는 주섬주섬 담는다
세상은 움직이는 그림자를
결정적 순간에도
늘 놓쳐버리는지…

완성된 그림자는 없는 것,

아직 물조차 오르지 않은
홀로 선 나무 한 그루
그림자 속에 침묵을 핥으며
거기 그대로 서있을 뿐

재스민(jasmine)

양재동 꽃시장
이국적 이름보다 순박한 재스민이
눈빛으로 미소 짓는다

"당신은 나의 것"
달콤한 향기가
우울한 마음을 평온하게 한다

꽃을 목에 걸고 그 향기에 취해
사랑을 속삭였다지
나도 이제 사랑을 허락할까

수십 년 장기집권, 숨죽여 지냈던 세월
튀니지에서 시작된 민주화 혁명이 하필
재스민 혁명이란다

나는 재스민 차 한 잔을 놓고
수많은 꽃들이 있는 창밖을 내다보며
혼자만의 혁명을 꿈꾸고 있다

단지 세상의 끝

조용히 집을 나선다
음악은 침묵하는 나를
시간과 공간이 초월하여 대신하고
떠나고 돌아오는 순환 속에
끝내 어머니의 낡은 집은 흐르지 않는다

바람결에 들려오는 파도 소리
가슴 가득 밀물 썰물 바닷길 만들며
아름답게 꾸며지는 허상
어쩌다가 길을 잃었나
돌아가라 일러주는 그리움

떠났다 돌아온 탕자처럼
그곳에 우두커니 서서
죽음 이후에 남게 될 독백으로
다시 떠나는 세상의 끝자락

블루마운틴

블루마운틴 커피를 마신다
입 안에 머무는 묵직한 선율
첼로와 함께 내려앉는 향내
일비노니의 '아다지오 G단조'가
차 한 잔에 섞여 들어온다

보스니아의 수도 사라예보
폐허 속에 참혹한 테러가 있었고
가슴을 울리는 평화의 연주가
잊을 수 없는 그 무엇들로 가득 차
수많은 파편과 갈등을 무너뜨린다

살아온 날들의 팽팽한 긴장의 연속이다
고요한 선율이 방 안 가득 깔리는 저녁
기억일 때도 그리움일 때도
그저 느슨한 행복일 때도
단 한 잔도 똑같은 맛이 아니었던,

지나간 모든 것들을 내려서 만든 커피

현과 오르간을 위한 아다지오를 들으며

빵 한 조각 입 안 가득 베어 문다

바사삭

하루가 무릎을 꺾는다

3부

언제쯤 내 마음이 강물처럼 흐를까
날마다 새로운 것에 마음 빼앗기고
자리를 펴고 웃고 있는 영혼이 그리워
자유의 날개를 번뜩인다

짝짝이로 돌아온 시간

두꺼운 시간의 지층 앞에서
한없이 낮아지는 나를 느끼는 날

들판으로 나가
쪽빛 따라 무작정 황토를 밟으면
나의 존재는 어디론가 사라져버린다

무명 한 조각 걸친 동양의 철학도
영혼이 가난한 치마폭에 결박당한 채
봄 햇살을 즐기고 있다

앞만 보고 달렸던 시간들
얼마나 많은 것들이 과거로 유배되었던가
성벽 같던 성품은 바람에 실려
나에게 말을 걸어온다

아직도 버리지 못한 욕망의 끈 자락
결 고운 햇살을 바라보며
흩어진 시간들을 가지런히 정리한다

무형의 문자

손톱달이 뜬 밤하늘
음악은 침묵하는 나를 배신하고
떠났다 돌아오는 그림자의 순환
어머니의 낡은 집은 흐르지 않았다

아득히 들려오는 메아리
당신과 나 사이에 흐르는
따스한 소통의 강물
말라가는 가을빛 언어
무형의 문자를 쏟아내고 있는 기도였다

차가운 마음을 밀어 넣으며
헤아릴 수 없이 많은 말들을 나눈 밤
깊은 곳 응어리진 멍울들이
하나씩 별들로 떠올랐다
창 밖 풍경이 액자로 걸린다

0에서 1 사이

하늘을 향한다
손으로 만든 동그라미 안에
들어와 있는 1평

베란다 창가에 간장종지 만한
꽃밭도 $3m^2$
강남의 노른자 비좁은 작은 터에
1헤베 면적을 헤아리는
분주한 발걸음들

길게 누운 오후
제멋대로 맺혔다 풀리는 구름
바랄 것도 없고 원망도 없는 보금자리

나는 움켜진 동그라미를 펴고
쓸데없는 껍데기뿐인 뜬소문에
버릇처럼 헛간을 부순다

온 하늘은 내 것이므로

울타리

멈춰있는 구룡마을 비닐하우스

고봉밥상 위로 얽혀 있는 전깃줄
전등은 켜졌다 꺼졌다를 반복하고
마음의 불도 끄고 산 지 오래
형형한 눈빛이 전등을 대신한다

어두움을 지배하는 어둠이
녹슨 철문을 닫게 하고
헤진 옷 사이로 바람이 스친다
재산이라곤 오래 살아온 인생 경험 뿐
본적도 주소도 없는 이들
도장 한 번 누를 일 없고 편지 한 통 받을 일 없다

많이 울어본 사람이 울음을 감출 줄 아는 것
외로운 꿈은 전쟁터가 되고
숨 가쁜 굴삭기의 오르내림 따라 개발되는 도시들
언제 끝날지 모르는 동행

갈 곳 없어 방황하는 허름한 하루하루
저린 가슴 한켠에 지울 수 없는 연민이
말뚝처럼 박히는 헛간
꿈을 꾸며 허무의 궁전을 짓는다

절반의 행복

미끄러지듯 집으로 향하는 밤이면
오후를 갉아먹은 불빛이
포장마차 빈틈으로 새어 나온다

가슴팍까지 파고드는 추위와 허기
매달려 있던 그리움조차
대열에 끼어 앉아 자리를 펴고
따끈한 국물 한 사발에
녹아지는 영육이 가볍다

장맛처럼 묵직한 추억을 마시면서
오늘도 채워지지 않은 그 절반을 찾아
겨울 긴 의자에 앉아 미로를 걷는다

가벼운 추락

수천수만의 거미줄을 엮어
바이올린 현을 만들면
부드럽고 깊은 음색을 낸다는데

왕거미가 연을 타듯 날아서
이 방과 저 방 집을 지으며
종일 페로몬을 뿜는다

온 동네 돌고 돌아도 남을
가벼워진 몸으로 비단을 만들어
구멍 난 내 삶을 꿰맨다면

흔들리더라도 끊기지 않는 집념으로
무거움 훌훌 털고 허공에 매달려
추락하듯 거미가 쳐놓은 마법에 걸리고 싶다

내장산

봄이 재래시장에 왔다
구석구석 수북한 인심
쑥쑥 덤 떨이 중이다

원추리, 방풍, 돌나물에
조갯살 냉잇국
달래 간장 곁들인 비빔밥

봄이 통째 입 안으로 걸어온다
내장산 한 채가 호사롭다
오지 않은 저녁상에 새살이 돋는다

바람의 무늬가 움직인 자리

피어야 할 때를,
피어야 할 이유를
초록잎은 안다
활짝 열어젖힌 창문
그 너머 펼쳐지는 아우성…

살아있는 일이란
스스로 길이 되어
마중을 나가는 일인걸

그리운 것들을 뒤로하고
바람의 무늬가 움직인 자리
새순 돋는 나뭇잎새며 꽃잎들…

감사합니다, 고맙습니다
작고 여린 이파리들이 도전해준 봄에게
인사를 전한다

나에게로 열린 문

손끝이 닿을 때마다
언제나 네가 먼저 있었다
나는 느끼고 싶어 수없이 두드린다

디지털은 손가락으로 가리킨다는 말
닿기만 해도 전율이 인다
버튼 하나로 우주는 열리고
정보를 가공하는 소통의 시대

터치는 능숙하게 늘어간다
스킨십을 넘어선 채팅과 메신저
영상통화까지 넘나드는 짜릿한 맛

오랫동안 부재했던
이름과 사진을 누른다
터치해 주기를 바라면서

사이버 가상공간 문을 열고
나만의 세계로
아무렇지 않은 듯 들어간다

꿈밖의 세상으로

돌아갈 수 있을까
초원을 정처 없이 달린다
몸은 달리는데 발은 움직이지 않는다
필사적 몸부림이다

너는 누구인가
가슴 뛰는 나와 한 몸이 된
꿈 속 너는

깨어나니 허망하다
초원은 사라지고 기억만 또렷한
오래도록 달리고 싶었던 욕망

지난밤 깊은 꿈
한 몸이었던 초원의 말처럼
세상 모든 꿈으로부터 나, 자유롭고 싶다

오리가족

울타리 넘어 엄마를 앞세운 오리가족 열두 마리가
나를 향해 일렬로 걸어오고 있었다
낮에도 산짐승이 다니는 뒷산 아래
작은 실뱀이 사는 수초만 무성한 연못
온 가족이 소풍을 나왔을까 새 길을 찾아 나섰을까
일행은 주위를 조심히 살핀 후 집 안 수영장으로
뛰어들기 시작했다 엄마가 선두 다음은 큰놈부터
서열 순으로 하나씩 둘씩 열 마리가
마지막 경계를 놓치지 않던 아빠오리까지
너무도 오래간만에 맞는 여유 속에 평화로워 보였다

한 이불 속에 엄마와 네 명의 형제 맨 끝에 아버지
풀밭에 앉아 오리가족을 보며
내 어린 날의 동화를 떠올릴 때쯤
일상에서의 탈출 그로 인한 두려움일까
오리들은 두고 온 집으로 돌아가려고
날개를 퍼덕이며 뛰어오르려 했지만
어린 오리들은 자꾸만 발을 헛디뎠다
나는 맨발로 다가가 그들을 가만히 끌어올렸다
옛날 내가 도랑에 빠졌을 때 아빠가 이끌어 올렸듯이
뒤뚱거리며 엄마 뒤를 따르는 오리새끼들을 보며
날개를 접고 새끼들의 무사하기만 바라시는
어머니의 두 손 모은 마음에 날개를 달아드려야지
나도 한번 힘차게 날갯짓 해본다

부질없는 사랑

하늘빛 브로치를 달고
오늘은 어디로 갈까
대학로 마로니에 공원에는
무수한 사람들이 낙엽을 밟으며
걸어가고 있다
나는 예쁜 낙엽 하나 가슴으로 주어 올렸다

이맘때면 모든 것이 빨리 지나간다
그리움도 아픈 사랑마저도
어디든 가고 싶다
세상 고를 것도 순위를 정할 곳도 없이
지금 남아 있는 건 오로지 미안함 뿐

시간도 사람도 계절에 묻혀 지나가는 지금은
놓치지 말아야 할 것들을 기억해야 하는 시간
다 접어야 가벼워질 수 있는데
나는 오늘도 브로치 같은 낙엽 하나 책갈피에 꽂아
부질없이 또 하나의 사랑을 채운다

먼 곳은 항상 마음에서

삶에 익숙해질수록 더 자유로워야 하는데
스스로 온전하지 못한 존재이기 때문일까
자신으로부터 해방이다
무작정 길을 떠나기로 한다
자유로울 수 있으니 얼마나 다행인가

먼 곳은 항상 마음부터 배웅 나간다
되도록 멀리 떠나자
시간을 배낭 가득 담고

언제쯤 내 마음이 강물처럼 흐를까
날마다 새로운 것에 마음 빼앗기고
사진 몇 장에 흔들리는

지구 반대편에서 맨발로 서 있는 소녀
하늘을 닮은 그렁그렁한 눈
자리를 펴고 웃고 있는 영혼이 그리워
지금 자유의 날개를 번뜩인다

만주리 벌판

불안한 기대를 공영하며 떠나는 유목민들
경계를 뛰어넘어 차원을 만든다
이리를 피해 모험을 함께 하는 양들과 말
끊임없이 채찍질하며 게르를 짓는다

떠나야 새로운 것을 얻을 수 있는
몽고 초원에서
이동 양식 가득 등에 짊어지고
정처 없이 나서는 고난의 길

강줄기조차 바꾸는 태무진처럼
오늘도 용감하게
풍요의 허기를
정착의 갈증을 맛본다

낯선 존재

정독 도서관 올라가는 길
돌담 좌판에 기대선 이방인
정물화 되어 들어온다

햇빛 받아 유난히 반짝이는
각색 모양 액세서리를 펼치고
수없이 매만지던 손과 매만지다 떠나는 물건을
우물처럼 깊은 눈으로
길게 빼고 바라본다

바다 건너 하늘
멀어지는 고향을
봄볕에 그리는 걸까

소리 없이 울었을 그녀
손과 목에 액세서리 하나씩 걸치고
그래도 밝아올 내일처럼 환희 웃고 있다

4부

언제쯤 내 마음이 강물처럼 흐를까
날마다 새로운 것에 마음 빼앗기고
자리를 펴고 웃고 있는 영혼이 그리워
자유의 날개를 번뜩인다

흰 그늘

오렌지 나무에 기대어
사랑을 속삭이던
남미 어느 작은 마을의 가수
그늘에 앉아
크세르세스가 부르는 아리아에 젖는다

갈증은 풀리지 않는 피라밋
나르시스에 젖은 마음
욕망 끄트머리에 와서 앉고

바쁠 것도 없고 다툼도 없는
오로지 더위와 나른함을 달래며
빨아올리는 몇 모금의 환희
물담배는 얼마나 달콤했을까

비탈진 마음은 하나, 둘
하얀 이야기로 가득하다

바람의 비밀

숨겨두었던 비밀 하나 밝혀야 할 시간
하늘은 나와 함께한 약속으로
깊숙이 손을 잡는다

유혹 아닌 것 없고
흔들리지 아니한 순간도 없지만
숨을 모아 만든 매듭

빗나간 틈 사이로
헤집어 놓은 자리들이 그리울 때면
밤새 뒤척인 흔적

엉성한 비밀 하나
바람의 매듭 풀리듯 풀려나간다

나를 찾아서

조각난 단어들을
여러 개의 이름으로 갈라놓고
아픈 소리로 조율하다보니
반쯤 감긴 쉰 목소리

헐거운 옷을 반쯤 걸친 채
누구도 의식하지 않은
조용한 혁명을 한다

하고 싶은 말은 많은데
나라는 한 권의 책 속에
결박당한 채 꼼짝할 수가 없다

단어들이 몸 안으로 퍼지면
중추신경은 페이지마다 날카로워지고
추스르는 숨소리는 책갈피 속 언어가 된다

비바체

느림을 한탄하다
우울증에 걸린 달팽이가
하나 가득 등짐을 지고
습한 곳을 찾아 휴식을 취한다

잠시 가는 세월 속에
살며시 내려주고 갈 수 없느냐고
그동안 걸어온 길은 어디로 사라졌을까
뉘엿뉘엿 기울어가는 길 끝

쉴 곳을 찾아 움직이고 또 다른 길을 찾는
발 앞에 작은 달팽이는 나와 닮았다
오늘도 빠르고 생기 있게 연주하는 곡에 맞추어
느린 발걸음을 옮긴다

오디션

열린 시간 앞에 숨죽이고 서 있다
결코 포기할 수 없는 시간
편곡 속에 창조 되는 하모니
세상을 다 태워버릴 것 같은
오선의 열정

떨리는 모습으로 가련히
지난 과거가 서있다
무엇을 그토록 열망하였나
야망을 억압 속에 구겨 넣으며
나는 어디로 향했는지

그래 산다는 건
비틀거리며 걸어가야 하는 선택
선 자리에는 가시가 돋고
심판대 위에서 온갖 상념에 젖는다

지금처럼 간절한 것은 없다

누구나 한 번쯤은 섬을 꿈꾼다

섬과 섬은 서로 손을 잡고
붉은 빛을 잉태한다
하루해를 다 하느라 뒤꿈치가 온통 붉다

그 중 한 섬을 가슴에 그려 넣었다

황홀하고 경이로운 운무 속을 헤매이다
찬연한 시간이 떠난 자리
은은히 번지는 무욕의 마음

수루에 치는 파도, 한려수도
장군의 늠름한 기상에 총포는 멎고
우뚝 선 거목의 그 오랜 세월

돌아가는 저녁바다엔 새때들 모이고
아홉 개의 비경은 거치리섬에서
거북이 되어 욕지도를 지킨다

일몰 직후 소진한 사물들이 어둠 속으로 사라지기 전
밀물식당 멍게 비빔밥
입 안에 감도는 향이 내 발길을 붙잡는
떠나는 뱃고동 소리 울리는 작은 항구에서
또 다시 섬을 꿈꾼다

초월

빛막대 번쩍 들어선 순간
틈새 비집고 들어온 희망의 조각
눈물 몇 방울 빚어내고

속 깊이 침투된 뜨거움
얽혀 만든 시린 눈빛으로
동공을 태우면

이 길 어딘가에서
투명한 진실을 알아
조용히 슬픔을 씻어내릴텐데

보폭 좁히고 박자 맞춰
끄덕인 나만의 성찰
텅 빈 옆구리가 뜨겁다

가을 벤치

침묵 속에서 하나 둘 언어를 앉힌다
고독과 나란히 한 자유

지금 이 자리에
맨 먼저 왔다 간 이 누굴까
나보다 먼저 와 머무르곤
낙엽을 하나하나 헤아리며
어디론가 사라져갔겠지

잠시 머물다간 자리
어느 누가 이 자리에 앉아
짓누르는 삶의 중력에서 추를 떼어내며
조각처럼 앉아있었을까

그리움과 그리움으로 이어진 길
붉어진 눈시울 위로 따듯한 햇살
맑은 산소를 마신다
더 머무르지 말라는 듯
앙상한 가지 끝에 바람이 분다

바다 위 하늘길

인천대교에 올랐다
청라지역을 삼각 축으로 힘줄 당기고
노르망디와 어깨를 나란히 세운다
끝이 보이지 않는 바다와 하늘이 손을 잡고
허공이 길을 만든다

무쇠의 싸늘한 의지와
노을의 부드러운 정
풍경들은 늘 배경이다

하늘은 머물 수 없는 나를
깊은 물속으로 수장하며 꿇으라한다
몸이 바다 속처럼 깊어지려면…

나는 자유로운
무한 허공에 몸을 맡기며
인천대교를 저속으로 달린다

새집과 내 집

어디서 살면 어때
딱 딱 딱딱딱
아침마다 쪼아대는 새
눈감아 주자
녹슨 양철 환기통에
목숨의 둥지를 지으려는 작은 몸짓

어떻게 살면 어때
잠시 머물다 갈 곳
아직도 비워내지 못한
새 가슴보다 좁은 내 마음
여기가 내 집인걸
딱 딱 딱딱딱

목섬으로 가는 길

넓은 길을 마다하고
오솔길을 선택했다
외로울 때 친구가 되어준 그 길은
들키고 싶지 않은 영원의 길이었다

한발 헛디디면 벼랑으로 떨어지는
덤불 헤치며 걷는 그의 거친 손을 잡고
춘백 꽃은 소리 없이 지고 있었다

가파른 길 끝이 가까워올수록
파도 소리는 절정을 이루고
바람을 등에 업고 떠밀려 가듯
목섬으로 가는 길은 험했다

바닷길이 열리는 물때를 못 맞추고
햇살 가득한 그 섬만 바라보며
사랑을 속삭였다는 흰 바위에 걸터앉아

우리도 남은 사연을 짠물에 씻었다

누굴 뽑을까

누구의 손도 닿지 않는 장막에서
승패는 판가름 나고 있었다
그들은 어둠의 색깔을 풀어
두꺼운 상자에 감금하고
협상의 실타래들은
화합이라는 타협을 찾지만
욕망은 버릴 수가 없나 보다

국기에 대한 경례와 애국가 제창
순국선열에 대한 묵념을 하고 충성을 맹세했던
학창시절이 그리워지는 것은 왜일까

머물렀던 초록이 해체되고
어디론가 줄지어 추락하는 언론들
돌아갈 수 없는 무한 천공이 서늘하다
누굴 뽑으라고

물이 그리는 자리

조안리 팔당댐
차창 밖으로 보이는 강물 위에
시든 연 대궁 흔들리며 서있다

유배지로 떠났다 다시 돌아온 배
세세한 흔적을 물결 위에다 새기며
새 주소록에 적는다

흐르는 삶을 연서처럼 강물에 헹구다가
두 물이 꿈과 뜻을 합수한다는 허망한 용기가
얽힌 내 삶이 되어 저렇게 흘러가리란 것을

수면으로 떠오르던 혁명
나를 일으켜 세워주고는
휘감는 강바람에 날아가고

바람이 전하는 말 너무 솔직해서
나는 그만
자꾸 뒤를 돌아다본다

버리고 사는 것

배부른 새들은 이른 아침
자동차 위에다 속을 비우고
높이 오르며 시끄럽다

버리고 사는 것이 높고 크게 사는 것일까

정토사

매자리길 224
망자들로 가득 찬 궁전
아무도 등장하지 않은 그곳에
조화만이 오고 가는 이정표가 된다

바람이 읊는 풍경소리 따라
적막을 안고 높은 산에 오르면
부처가 떠난 자리 할미꽃이 절터를 지키고
굳게 잠긴 문 틈새로 목탁소리 들린다

몇백 년 전 다녀간 노승의 발자국
경전을 읽듯 나를 부르는 득음
떨어지는 촛농을 밤새 받아내며
법당은 적멸에 든다

5부

오늘도 당신께 향한 기도
아물지 않은 상처를 바라보며
상처보다 흉터를 더 사랑하겠습니다

마스크

이리저리 옮겨 다니는 바이러스
끊임없이 모였다 흩어지는 무리
세상은 수없이 위험순위를 알린다

사실이라고 믿고 싶지 않은 현실
그저 아무렇지 않은 듯 살고 있다
마주치는 수많은 눈동자는
KF94에 머물고
좀처럼 마르지 않는 끈적한 액체를
목으로 넘기고 있다

식약처 인증제품입니다
인체공학적 설계로 만들었습니다
돌아보면 모두가 복제인간
모든 것을 차단한 음압병실처럼
주위가 너무도 조용하다

당신은 내게 그런 사람

당신의 부드러운 목소리에 녹아
흔들리는 마음으로 당신 곁에 있습니다
마음을 접어야 할까요
상처로 붉게 물든 하늘에
서러움을 빼 문 한 여자가 바보처럼 있습니다

살아갈수록 생각은 수없이 허물어지고
매일 무언가 사라지는 하루입니다
밤이면 잠 못 들게 하는 성찰
우리는 정말 가까운 곳에 있으면서도
떨어지는 소리는 너무 작아 들리지 않습니다

사는 동안 꼭 해야 할 그 말
사랑합니다
아직 못다 채운 여백
별과 같은 사랑초 잎사귀에 고운 꽃물이 젖습니다
당신은 내게 소중한 그런 사람입니다

붉은 미련

언제부턴가
눈 밑에 그늘이 고이고
허한 말들 주고받으면서
가슴에 붉은 점을 안고 살았다

서두르다 잃어버리고 머뭇거리다 놓쳐버린 길
당신과 함께했던 길이건만
내일을 알지 못하는 어리석음에
시간마다 조여 오는 결단의 숨소리
용서하고 용서받는 조급함 앞에서
이제 남은 것은 나를 비우는 일

상처로 남은 붉은 점
힘차게 도는 혈액 속으로
언제쯤 녹아들어 점액이 될까

전화벨이 울린다
나는 조용히 일어나
립스틱 하나 집어 든다

숨 고르기

겨울을 재촉하는 비가 내린다
창밖에 흩날리던 낙엽들이
말을 걸어온다

그토록 붉고 수줍은 사랑도
샤갈의 그림처럼 언제나 똑같은 지점에
축을 세우고 서 있는 겨울 초입

오솔길을 걷는다
혼자만의 선을 긋고
한 발자국도 벗어나지 못하는
화석처럼 굳어버린 마음이
시시각각 덜커덩거리는 지금

시행착오 겪으며 이제껏 매달렸던
가을이 서서히 내려앉는다
겨울이 들어서는 백지 위에
나만의 멋진 곡을 완성하기 위해
다시 한번 숨을 고른다

퇴행성

퇴행성이란 말 참 슬프다
삐걱거리는
관절보다 더 슬프다

보폭 맞추며 반듯하게 걸어온 나날
되돌아갈 수 없는 옛 말
퇴행성이란 밀려난다는
밀려나서 고독해진다는

하염없이 내리는 빗소리를
가슴으로 들으며
멀어지는 것들 끌어모아
자력갱생
내일의 못갖춘마디를 세운다

찻잔에 띄우는 고요

아픔을 통해 깊어지는가
온몸 뒤틀며 빼앗긴 수분
명치끝이 아리더니 체기는
물 한 방울 허락하지 않는
아득한 나락으로 떨어뜨렸다

마음과 몸속에 쌓였던 적
한 땀씩 질기게 풀어내고
비로소 깨달은 부질없는 집착

허겁지겁 소유했던 탐욕
정신줄 놓으며 떠밀려가던 시간
일엽차 한 잔을 우려낸다
찻잔에 띄우는 고요
비로소 온전해진 마음

맑게 퍼지는 사유의 향기
문 밖에 섰던 마음이 걸어온다

임플란트

내 실존의 유일한 반려
찡 하는 울림과 함께 뽑혀 나가고
텅 빈 공터엔 혀가 날름거린다

살점 속 안위는 유린당하고
무엇도 채워 넣을 수 없는
후회가 파놓은 수렁
아픈 사랑이다

고백할 수밖에 없는 죄의 잔상
내 안의 구조물들을 장악하고
하나씩 하나씩 구조물을 씌운다

길어진 한숨
돌아본 지난날의 영상이 흑백으로 남아
낯설은 로봇 의자에 앉아
궤도를 벗어난 우주여행을 한다

물방울

부서지는 전율
세포가 분열되는 대립과 융화
내가 던진 말들도 저리 할까
그러나 파편
쓸쓸한 것들은 발아래 떨어져 추락한다

당신을 향한 믿음

떨어져야 비로소
내재 되어있는 꿈과 교감한다
오늘도 떨어지는 물방울을 줍는다

나는 광대

외줄을 밟고 바람을 가른다
누가 내 손 잡아줘요
허공을 휘저으며 무언의 저항을 한다

아쟁의 선율에 몸은 베이고
꽹과리 소리에 거드렁 놀아나는
나는 광대

손 들고 발 한번 옮겨 덩더쿵
급하게 몰아치는 휘모리장단
거친 숨 몰아쉰다

작은 몸 안에 허공을 담고
당겨야 할 생명의 긴 줄
광대는 외줄기 땅에 하늘을 짓는다

단 한 사람

왜 화났을까
왜 우울할까

절대적으로 신봉하는 것일까

고지식하다
어쩌다 받은 농에도 발끈한다
혼자서도 잘 논다
처음 대하는 사물과 금방 친해진다
돌아설 땐 섭섭하다
모든 것을 채우려는 버릇이 있다
비어있으면 허전하다

"내 속에는 거의 양립할 수 없는 두 가지 것이 결합해
 있어 마침내는 나를 내 자신과 모순되게 했다"

루소처럼 나도 나를 잘 모른다
단 한 사람
나보다 나를 더 잘 아는 사람

자신을 꼭 빼닮은 그 아이

기도

당신을 따라가는 것이
살 길임을 알지만
안타까움은 늘고
간절한 소망은 높아만 갑니다

당신은 나의 오랜 슬픔
눈물을 머금고 발 앞에 서면
시린 날의 절망에서
세상이 환하게 밝아옵니다

오늘도 당신께 향한 기도
아물지 않은 상처를 바라보며
상처보다 흉터를 더 사랑하겠습니다

고독의 값

돌과 돌 사이
행여 헛디딜까 조심스런 발
단아한 꽃 한 송이 눈길 머문다

수없이 드나들던 길이건만
서럽도록 조그마한 저 생명
그 앞에 머물러 고개를 숙인다

한때
맥없이 밟히던 절망이 있었다
속울음 삼키던 날
어찌하여 나를 버리시나이까 울부짖었다

믿었던 자가 나를 팔고 거짓과 배신이 앞서는 세상

당신이 묵묵히 걸어가신 길
고난을 견디며 피어나는 작은 꽃
눈물 나게 반짝이며 빙그레 웃는다

양귀비 꽃

주홍빛 고난의 눈물
저 끄트머리에
당신이 있음을 몰랐습니다

짓밟고 가버린 허기진 영혼
아픈 가슴 허술한 자리에
침묵하는
당신이 있음을 몰랐습니다

아픔이었을 숨결
쇠잔한 생이
꽃으로 피어날 때
당신께서 보여주신 사랑

죽어야 다시 사는 진리를
나 이제야 알았습니다

목숨을 연주하며

가난한 밤에 함박눈이 내렸다
소원도 말하지 않았는데
구부러진 채로 누운 길
은총처럼 내리는 눈을
그대로 받고 있었다

크리스마스 전날 밤
흥얼거리며 집으로 가는 길
찰나에 둥글게 말린 축축한 등
아득한 꿈속에서 깨어난 곳은 병실
바람을 불어넣은 무릎 밑으로
만져지지 않는 뼈가 보였다

골고다언덕 그분이 생각났다

만져보지 못한 당신의 뼈를 붙잡고
당신의 무릎위에서
실핏줄 엮어 목숨을 연주할
굽은 등 펴게 하소서

너는 내 것이다

조용하다
일제히 말문을 닫은 자들이
연하게 와서 조용히 앉는다

삶 앞에서 갈등한 시간
가슴은 깊은 수렁에 빠져
몇 번이나 추락하고 있는데
뚜렷하게 들려오는 소리

"내가 너를 구속하였고
내가 너를 지명하여 불렀나니
너는 내 것이라"

시간 속에 깃든 고요
정수리 위로 내려앉는다

네 손 잡아 주리라 그 말씀 믿고
상처투성인 세상을 향해
자리에서 일어선다

시평

이향아(호남대학교 명예교수)
이수정(중앙대학교 대학원 교수)
정재영(서울대학교 치과대학, 중앙대 예술대학원, 평론가)

○그가 선택한 시적 오브제들은 다양하고 폭이 넓다. 필자는 그의 시들을 면밀하게 읽어가면서 전민정은 단순히 시를 쓰거나 짓는 사람이 아니라 시를 일상의 주식으로 복용하고 생활하는 사람이라는 생각을 하였다. 그의 시에서 필자가 대면한 것은 인위적으로 치장한 세련된 기법이 아니라 유정하고 유심한 사람의 온기였다는 것이다.

「0에서 1사이」 손가락으로 동그라미를 만들어 그 속에 고이는 하늘을 보는 시인, 그 하늘을 올려다보면서 욕심을 벗어던지는 시인, 그리하여 무한히 넓어진 마음으로 '온 하늘은 내 것이다'라고 쾌재를 부르짖는 시인 그에게 있어서 하늘은 인간과 인생을 측량할 수 있는 도량형의 표준이라고 할 수 있다. 따라서 하늘은 평범한 공간이 아니다. 시인의 이상과 꿈을 걸어둔 가장 미덥고 정겨운 최상의 공간인 동시에 최후의 공간인 것이다. 하늘은 그가 지향하는 가장 높고 가장 가까운 거룩한 지성소라고 할 수 있을 것이다.

「돌탑」 친구가 그리운 날이면 남한산성에 올라 높게 쌓은 돌탑 위에 마음 하나 얹어두고 조용히 내려오는 시인. 어디서 무얼 하며 사는지 친구의 안부를 묻고 내 안부를 친구에게 전하듯이 시인은 그렇게 한다. 길가에 돌 하나 흘러내리면 무너지는 자신의 마음인 듯이 생각되어서 슬며시 집어 올려놓고서야 비로소 편안해지는 그의 몸짓은 오히려 아름답다.

'슬프게 내려앉은 산 그림자 기척에 너무 오래 무심했던 속내 들켜버려 쭈뼛쭈뼛 산을 내려옵니다'라고 한 마지막 구절에서 매사에 자기성찰로 다져진 시인의 내면을 읽을 수 있다.

—이향아(호남대학교 명예교수)

○시대를 읽는 시인의 눈이 날카롭다. 인간이기 전에 인간으로 살아간다는 것이 어쩌면 모든 오욕과 굴종을 물고 사는 것인지도 모른다. 그렇게 세세한 시인의 눈길은 인간의 가장 누추한 발에 와서 멈춘다. 모두들 얼굴과 잘난 간판을 이야기할 때, 누군가 버린 것들을 담고 서 있는 쓰레기통을 사용하는 시인의 눈은 이미 천장에서 내려와 삶 속에 두 발을 묻고 있다. 많은 여류시인들이 자신의 노스탤지어를 부르는 나르시시즘에 빠져 있을 때, 진정한 시인은 현실의 바다에 두 발을 넣고서 생을 관조한다.

수척한 발을 노래하는 시인의 '세족식'은 사소하고 나긋하지만 시는 결코 예사롭지 않다. 그게 전민정 시인의 저력이다. 그래서 등뼈로 하루를 완성한 발끝은 묵묵히 본분을 다한 후에 비로소 세족식에 든다. 시를 읽으며 독자는 모두 발을 들여다 볼 것이다. 한 편의 시를 읽으며 나를 들여다보게 한다면 그 시는 잘 직조된 시임에 틀림이 없다. 이런 삶에의 천착이 너무 숨 가쁜 날이면 우리는 또 다른 색깔의 미감을 맛보고 싶어진다. 전민정이라는 시인을 보면 항상 이국적인 모습과 우아한 시편들을 선사하는 시인의 새로운 발견의 지점을 들여다보는 일, '바코드' 나란히 누운 고등어 대열 그들에겐 가격표가 없다. 보통 이런 생선은 떨이다. 역지사지의 눈으로 시인이 읽어내는 건 결국 자신이다. 지금 이 순간 선택

되기까지 나도 어딘가에서 바코드로 찍혀 해피 포인트로 기록되리라는 것에 대한 발견이 놀랍다. 삶 속으로 훅 치고 들어온 시편들이 반갑다 못해 고맙다. 그렇다 '가야 하는 곳이 어디든' 인간은 그 어딘가에 닿아야 하는 존재다. 눈먼 자들의 도시에서 시를 자아내는 시편들을 읽으면서 문득 향수가 떠오른다. 이 서러운 도시도 종당에는 그리워할 향수의 지점이 될 테니까. 이제 시인에게 길을 묻지 않는다는 시대를 살며, 시인은 우리에게 '숨 고르기'를 하라고 말한다. 창밖에 흩날리던 낙엽들도 숨을 고르는데 하물며 인간인 우리에게 겨울이 들어서는 백지 위에 다시 한번 숨을 고르라 한다. '나'라는 우주를 들여다보라는 주문이다. 시력만큼 숨결이 길고 깊은 시편들이다.

—이수정(중앙대학교 대학원 교수)

ㅇ시는 기본적 생명은 비유(은유)다. 표현하고 싶은 말을 사물로 드러내는 것을 형상화(이미지)라 한다. 내용이 아무리 좋아도 이런 요소가 없으면 비록 운율을 맞추어 놓았다 해도 그것은 단지 행갈이만 한 산문일 뿐이다. 이런 전제를 통해 예시 작품을 보면 시의 진미를 금방 알게 된다.

시 제목인 '쓰레기통' 이미지를 빌어 의미를 드러내는 면은 현대시의 특징을 잘 보여준다.

이 작품은 첫 행부터 역발상의 융합적 요소가 있다. 쓰레기통의 불결한 모습을 역으로 껴안는다 함은 더러움과 애정의 이중성을 보여준다. 이 말은 자기사랑의 면을 말하는 것이지만, 신앙으로 해석한다면 죄인을 껴안아 주시는 신의 모습을 연상하게 하는 확장성을 가진다. 쓰레기통은 수동성의 성격을 많이 가진다. 이동성보다는 고정성이다. 이 면은 어쩔 수 없는 인간의 숙명적 위치를 지시해주고 있기도 하다. 원죄라는 죄성을 가진 피조물의 오염된 요소를 특징적으로 담고 있는 것이다.

'한때 아끼던 낱말'이란 한 시대를 풍미하고 유행했던 사조의 변질과 쇠락을 말한다. 인간 세상에서는 영원한 것은 없다는 의미다. 인간적이란 시간에 의해서 낡아지고 폐품이 되어 쓰레기로 유기되는 면은 기독교 조직신학(교의학) 중 인간론(인죄론)에서 아주 중요한 부분이다.

마지막 연에서 누구나 버려지는 것과 아닌 것, 즉 구원이란 쓰레기통에서 건짐을 받아 새롭게 탄생하는 거듭남의 축복인 것을 함축하고 있다고 해도 지나친 상상은 아니다. 이처럼 독자가 시인의 의도와 달리 자기 입장에서 다른 상상의 세계를 가질 수 있는 작품이 좋은 시다. 이것은 독자의 몫이기도 하지만 좋은 시란 애매성(ambiguity)를 가진다.

—정재영(서울대학교 치과대학, 중앙대 예술대학원, 평론가)

하얀 이야기

전민정 지음

발 행 처 · 도서출판 청어
발 행 인 · 이영철
영　　업 · 이동호
홍　　보 · 천성래
기　　획 · 남기환
편　　집 · 방세화
디 자 인 · 이수빈 | 김영은
제작이사 · 공병한
인　　쇄 · 두리터

등　　록 · 1999년 5월 3일
(제321-3210000251001999000063호)

1판 1쇄 발행 · 2021년 6월 10일

주소 · 서울특별시 서초구 남부순환로 364길 8-15 동일빌딩 2층
대표전화 · 02-586-0477
팩시밀리 · 0303-0942-0478

홈페이지 · www.chungeobook.com
E-mail · ppi20@hanmail.net
ISBN · 979-11-5860-341-0(03810)